이웃집에는
어떤 가족이 살까?

글 유다정

대학에서 국문학을 전공하고,《발명, 신화를 만나다》로 제9회 창비 좋은 어린이책 기획 부문 대상을 받았습니다. 어린이 논픽션 책을 쓰면서 재미와 지식을 함께 담으려고 노력하고 있습니다. 지은 책으로《난 한글에 홀딱 반했어!》《태양의 새 삼족오》《투발루에게 수영을 가르칠 걸 그랬어!》《명품 가방 속으로 악어들이 사라졌어》등이 있습니다.

그림 오윤화

만화를 좋아해서 그림을 그리기 시작했고, 지금은 어린이책에 그림을 그리고 있습니다. 그린 책으로는《완벽한 가족》《귀신새 우는 밤》《고민 들어주는 선물 가게》《아빠는 오늘도 학교에 왔다!》《한입 꿀떡 요술떡》《나에게 힘을 주는 이야기》《돌고래 파치노》등이 있습니다.

| 이 책에 대한 설명 |

현대사회로 들어와서 이혼, 재혼, 입양, 맞벌이 등으로 가족의 형태가 점점 다양하게 변하고 있습니다. 그럼에도 불구하고 아직도 전통적인 대가족과 핵가족만 긍정적으로 바라보고, 다양한 가족들을 바라보는 시선이 따뜻하지만은 않습니다.

이 책은 자라나는 어린이들에게 실제 존재하는 다양한 가족의 유형을 가장 현실에 가깝게 보여 주며 이해를 돕고자 노력하였고, 가족마다 그들이 겪는 어려움과 그 어려움을 극복하는 과정을 동물(고양이)의 눈을 빌려 보여 줌으로써 재미와 상상력을 더했습니다. 더불어 책 안에 나오는 가족들과 공감하며 열린 마음으로 각 가족들을 바라보는 눈을 키웠으면 좋겠습니다.

스콜라
꼬마지식인 01

이웃집에는 어떤 가족이 살까?

유다정 글 | 오윤화 그림

위즈덤하우스

미오는 고양이 세계의 우두머리야.
배고프면 먹고, 졸리면 자고, 화나면 터럭을 곤두세우고…….
미오는 자기 마음대로 할 수 있는 길고양이 생활이 참 좋았어.
"잘생겼지, 똑똑하지, 한마디로 난 멋진 고양이!"
미오는 고양이들 사이에서 늘 당당하고 자신만만했어.

그런데 언제부터인가 고양이들이 하나둘 미오 곁을 떠나갔어.
사람들의 가족이 되거나 짝을 찾아간 거야.
결국 미오는 혼자 남겨지고 말았지.
"외롭긴 해도 이 정도는 견딜 수 있어!"
하지만 아무리 마음을 다잡아도 저녁이 되면
미오는 외로워서 홀로 울부짖었어.

다음 날, 미오는 주변을 이리저리 둘러보다가 이런 생각을 했어.
'혼자는 너무 외롭고 쓸쓸해. 나도 가족이 있으면 어떨까?
나를 따뜻하게 안아 주고, 뽀뽀해 주고, 나와 함께 자고, 먹고,
사랑을 듬뿍 나눌 수 있는 가족 말이야.
내 생활에 간섭하는 건 싫지만,
그래도 언제나 내 편이 되어 준다면 그 정도는 참을 수 있어.'
미오는 갑자기 눈을 동그랗게 뜨고 발딱 일어섰어.
"그래, 이제부터 여러 가족들을 살펴보고 내가 살 곳을 정할 거야!"

부모가 맞벌이하는 현지네 가족

"엄마, 내일 학교에 올 수 있어요?"
현지가 책가방을 싸다 말고 엄마한테 물었어.
내일은 현지네 학교에서 공개수업이 있거든.
"어떡하지? 갑자기 출장 갈 일이 생겨서 못 갈 것 같은데……."
엄마가 말꼬리를 흐리자 아빠가 말했어.
"현지야, 아빠가 엄마 대신 가 줄까?"
"정말요? 좋아요, 아빠!"
현지는 풀이 죽어 있다가 금세 활기찬 표정으로 바뀌었어.

- 맞벌이 가족은 부모 모두 직업을 가지고 돈을 버는 가족을 말해요.
옛날에는 남자가 할 일과 여자가 할 일을 구분지었어요.
주로 남자는 바깥일을 하고, 여자는 집안일을 했지요.
하지만 요즘은 남자와 여자의 일을 특별히 구별하지 않아요.
엄마가 돈을 벌고 아빠가 집안일을 하는 가족도 있어요.
맞벌이 가족은 점점 늘어나고 있어요.
부모가 맞벌이를 하면 가족끼리 서로 도우며 집안일을 하는 게 좋아요.

현지네 가족은 모두 셋!
그런데 엄마랑 아빠 둘 다
회사 다녀서 무척 바쁜가 봐.
여기 살다간 매일 나 혼자
밥 먹어야 되는 거 아냐?

현지는 저녁마다 엄마가 퇴근할 때까지 혼자 있는 게 싫었어.
"엄마, 언제 와요?"
"응, 거의 다 왔어. 금방 갈 거야."
엄마, 아빠가 다 오자, 현지네 가족은 저녁밥을 맛있게 먹었어.
"현지야, 체육 시간에 줄넘기 시험 본다고 했지? 우리 연습하러 갈까?"
아빠는 설거지를 하고, 현지는 엄마와 줄넘기를 하러 공원으로 갔어.

현지는 혼자 있을 때 심심하겠어.
나도 혼자 있을 땐 너무 심심하던데……
뒹굴뒹굴 구르기 백 번 하고,
발라당발라당 뒤집기 천 번 하고,
생쥐 한 마리, 생쥐 두 마리, 생쥐 세 마리……
생쥐 삼천칠백구십구 마리까지 세어 봤는걸.
여기서 살면서 현지랑 놀아 줄까?

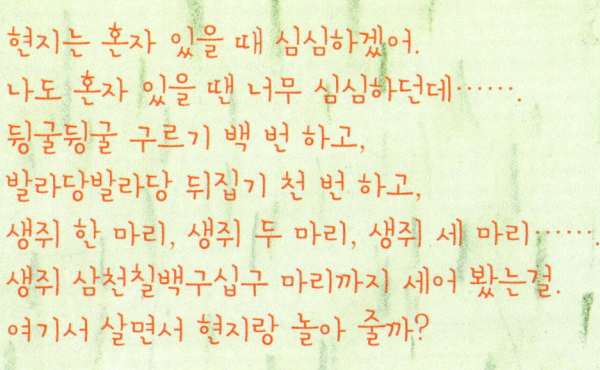

그런데 소파가
너무 딱딱하게 생겼어!
난 폭신한 소파에 누워
잠자는 게 좋은데…….

 새아빠가 생긴 재민이네 가족

"재민아! 이 사과, 형이랑 나누어 먹어라!"
'쳇, 고작 한 달 먼저 태어났는데 형이야?'
재민이는 엄마가 두 번 결혼해서 새아빠와 형이 생겼어.
"엄마가 사과 먹으래."
재민이는 '형'이라는 말은 쏙 빼고 말했어.
"맛있겠다. 이거 먹고 내가 숙제 도와줄까?"
이 말을 들은 재민이는 개미만 한 소리로 "그래."라고 말했어.
그리고 속으로는 씽긋 웃었어. 사실 탈 만들기 숙제가 걱정이었거든.

재민이네는 새로 만들어진 가족이에요.
재민이를 낳아 준 친아빠가 돌아가셔서 재민이는 엄마와 둘이 살았어요.
그러다가 다른 가족과 합쳐져서 새 가족이 만들어졌지요.

난 새 가족을 만나면 애교를 많이 떨 거야.
최대한 눈을 예쁘게 뜨고
톡톡 건드리며 샐샐 웃어야지.
꼬리를 살랑살랑 흔드는 건 기본이고,
요가 동작도 여러 가지 보여 줄 거야.
난 뭐든 잘하는 멋진 고양이니까.

재민이 엄마가 무거운 박스를 들려고 할 때야.
책을 읽던 아빠가 벌떡 일어나 엄마한테 다가갔어.
"이렇게 무거운 건 같이 들어요. 내가 도와줄게."
재민이는 엄마를 도와주는 아빠가 보기 좋았어.
심심할 때 놀아 주고, 숙제를 도와주는 형도 나쁘지 않았지.
형이 즐겨 듣는 시끄러운 음악도
자주 들으니 들을 만했어.

🏠 식구가 많은 들이네 가족

"들이야! 할아버지, 할머니 진지 드시라고 해라."
"할아버지, 할머니! 진지 드세요."
"삼촌도 얼른 오세요."
"형아, 밥 먹어!"
들이가 목청 높여 가족들을 부르자,
모두 밥상 앞에 모였어.

할아버지, 할머니, 아빠, 엄마,
삼촌, 고모, 형, 동생……
방에 아기도 있잖아!
우와, 식구가 무척 많은
대가족이야.

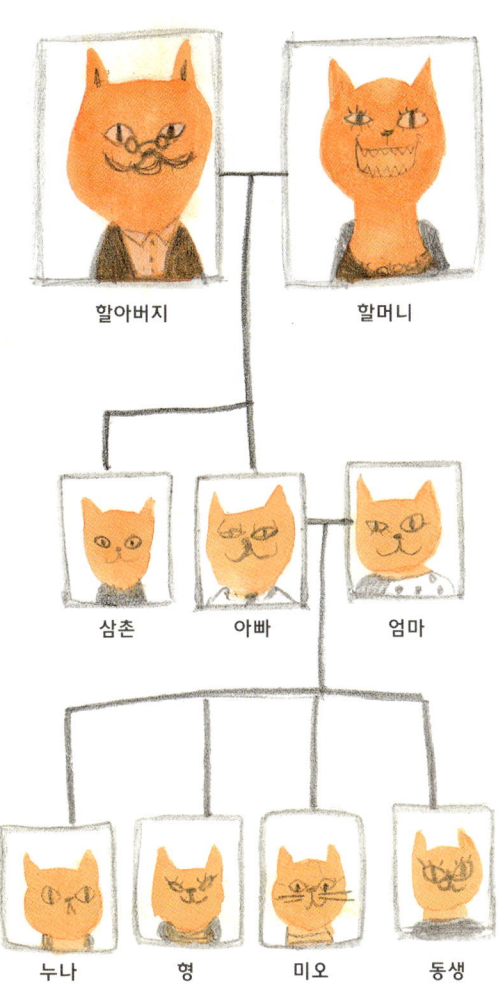

- 대가족은 한집에 사는 식구 수가 많은 가족을 말해요.

"할아버지 얼른 드세요. 너무 배고파요!"
"그래, 어서 먹자!"
들이는 할아버지가 수저를 들 때까지 기다렸다가 밥을 먹기 시작했어.
대가족이 함께 살다 보니 예절이 몸에 밴 거야.
반찬을 먹을 때도 좋아하는 불고기만 먹지 않고 골고루 먹었어.
다른 식구들도 골고루 먹을 수 있게 말이야.

들이는 다른 사람을 배려할 줄 아니까 친구도 잘 사귀겠어.
나도 여기서 살까?
그럼 삼촌은 내가 올라가서 놀 수 있도록 높은 탑을 만들어 주고,
들이는 내 목을 살살 긁어 줄 거야. 음, 좋아!

그런데 아장아장 걸어다니는 아기가 문제야. 시도 때도 없이 내 꼬리를 잡아당길 거 아냐. 안 돼! 안 돼! 생각만 해도 아파!

부모의 국적이 다른 소정이네 가족

🐱 와, 소정이네 집이다.
소정이에 대해선 내가 좀 알지. 공원에서 몇 번 봤거든.
아빠는 한국 사람인데, 엄마는 필리핀 사람이야.
그러니까 소정이네 집은 다문화 가족이란 말이지.
나, 너무 똑똑한 거 아냐?

다문화 가족은 각각 다른 문화를 가진 사람들이 만나서 생긴 가족을 말해요.
다시 말해서 국적이 다른 두 사람이 결혼해서 생긴 가족이지요.
옛날과 달리 교통이 발달해서 비행기를 타면
세계 어디든 갈 수 있기 때문에 다문화 가족이 늘고 있어요.
외국에서 공부하다가 그곳에 사는 사람과 결혼을 하기도 하고,
우리나라에 와서 공부하는 외국인과 결혼할 수도 있어요.
사회가 변하면서 가족의 모습이 더 다양해진 거예요.

소정이 엄마 생일날, 할머니가 오셨어.
"생일 축하한다!"
할머니는 엄마에게 네모난 선물을 주셨어.
하지만 엄마는 선물을 받고도 풀어 볼 생각을 안 했어.
"엄마, 얼른 풀어 봐요."
"아니야! 나중에 풀어 볼게."

그러자 아빠가 말했어.
"소정아, 필리핀에서는
선물을 받고
그 자리에서 풀어 보면
실례라고 생각하잖아.
문화 차이는 있는 그대로
받아들이는 게
좋다고 했었지?"
"아, 맞다! 그랬었죠?"
소정이는 선물이 궁금했지만,
엄마가 풀어 볼 때까지
기다리기로 했어.

있는 그대로 차이를 받아들인다고?
아주 좋은걸. 소정이랑 같이 살까?
그럼 필리핀 음식도 먹을 수 있겠지?
킁킁, 벌써부터 맛있는 냄새가 나는 것 같아.

그런데 저게 뭐야?
마당에 개가 있잖아.
나보다 덩치도 크고,
눈치 없이 만날 컹컹거리는
개는 정말 싫어!

🏠 엄마와 둘이 사는 종미네 가족

"엄마, 아빠랑 왜 이혼했어요?"
"엄마와 아빠는 생각이 너무 달라서 같이 살기 어려웠거든."
종미는 아빠가 보고 싶을 때면 엄마한테 말해서 아빠를 만났어.
만날 수 없을 때는 전화를 하기도 했지.
예전처럼 엄마, 아빠와 다 같이 살면 좋겠지만,
이렇게 사는 것도 나쁘진 않아.
엄마가 아빠와 같이 살 때보다 말도 더 많이 하고, 더 자주 웃으니까.

- 부모가 이혼을 해서 자녀가 한쪽 부모와 살기도 해요.
아빠와 살 수도 있고, 엄마와 살 수도 있지요.
이혼은 어느 한쪽의 잘못이 아니에요.
그리고 자녀의 잘못도 아니에요.
살다 보면 여러 가지 이유로 헤어질 수 있답니다.

> 가끔 친구들과 자전거를 타는
> 종미네 집이잖아.
> 종미는 엄마, 아빠가 이혼해서
> 엄마랑 둘이 사네.

종미는 엄마와 나란히 앉아 드라마를 보았어.

"종미야, 이리 와. 드라마 시작한다."

"와! 저 주인공이 키우는 고양이 되게 예쁘다. 엄마, 우리도 고양이 키울까?"

"고양이? 글쎄……. 생각 좀 해 보자."

"어떡해? 주인공이 돌부리에 걸려 넘어졌어. 손에 들고 있던 봉투에서 사과가 쏟아지잖아."

"쟤는 왜 저렇게 덜렁대니? 꼭 우리 종미 같아. 호호!"

"쳇! 엄마, 나 안 그러거든?"

"농담이야. 그래, 우리 종미는 안 그러지. 엄마가 아이스크림 갖다 줄까?"

"네, 엄마!"

드라마에 나온 고양이가
나랑 좀 닮은 것 같아.
종미가 저 고양이를 좋아하니까
나도 좋아할지 몰라.

그, 그런데 아무리 둘러봐도
장난감이 하나도 없어. 생쥐 인형은
고사하고 털 공 하나도 없잖아.
따분하게 날마다 잠만 잘 수도
없고……. 어쩌지?

 새로운 부모를 만난 진호네 가족

"진호가 우리 가족이 되었으니 가족사진을 다시 찍을 거야."
엄마가 진호한테 새 옷을 입혀 주며 말했어.
진호는 그냥 고개를 끄덕였지.
누군가 옷을 입혀 주는 게
익숙하지 않았거든.

"우리 아들! 아빠 잘 어울리니?"
"음, 봐줄 만해요."
형이 건성으로 말하자,
아빠가 눈을 흘겼어.
그러자 진호가 작은 소리로 말했어.
"멋있어요!"
아빠는 진호를 안고 다정하게 말했어.
"그렇지? 역시 우리 아들 최고!
진호야, 우리 가족이 되어 줘서
정말 고맙다!"

아, 알았다. 진호를 입양했구나.
그래, 꼭 피를 나눠야만 가족은
아니지. 이렇게 함께 살면서 가족이
될 수도 있는 거야. 나도 이 집에서
같이 살까? 난 가족사진을 찍을 때
나비넥타이를 할 거야.

🐾 부모가 아이를 낳아 가족이 늘어나기도 하지만
아이를 입양해서 새로운 가족이 만들어지기도 해요.
입양이 뭐냐고요? 입양은 돌보아 줄 가족이 없는 아이를
새로운 부모가 데려와 자신의 아들, 딸로 키우는 거예요.

미오는 거실 책장 위에 올라앉아 진호네 가족을 살펴보았어.
"야, 멋있다. 우리 가족이 한 명 늘어서 너무 좋아.
칫솔도 하나 늘고, 신발도 하나 늘고, 숟가락도 하나 늘고,
자전거도 하나 늘고, 내 편도 하나 늘고……."
형이 큰 소리로 말했어.
"웃음소리도 더 커지겠지? 그렇지, 진호야?"
엄마도 활기차게 말했어.
"네, 엄마!"
물론 진호도 크게 대답했어.
그때, 미오가 훌쩍 뛰어내리다가
쨍그랑 챙챙 와장창! 화분을 깨고 말았어.
진호네 가족은 모두 놀라 털썩 주저앉거나 비명을 질렀어.

할머니와 둘이 사는 수미네 가족

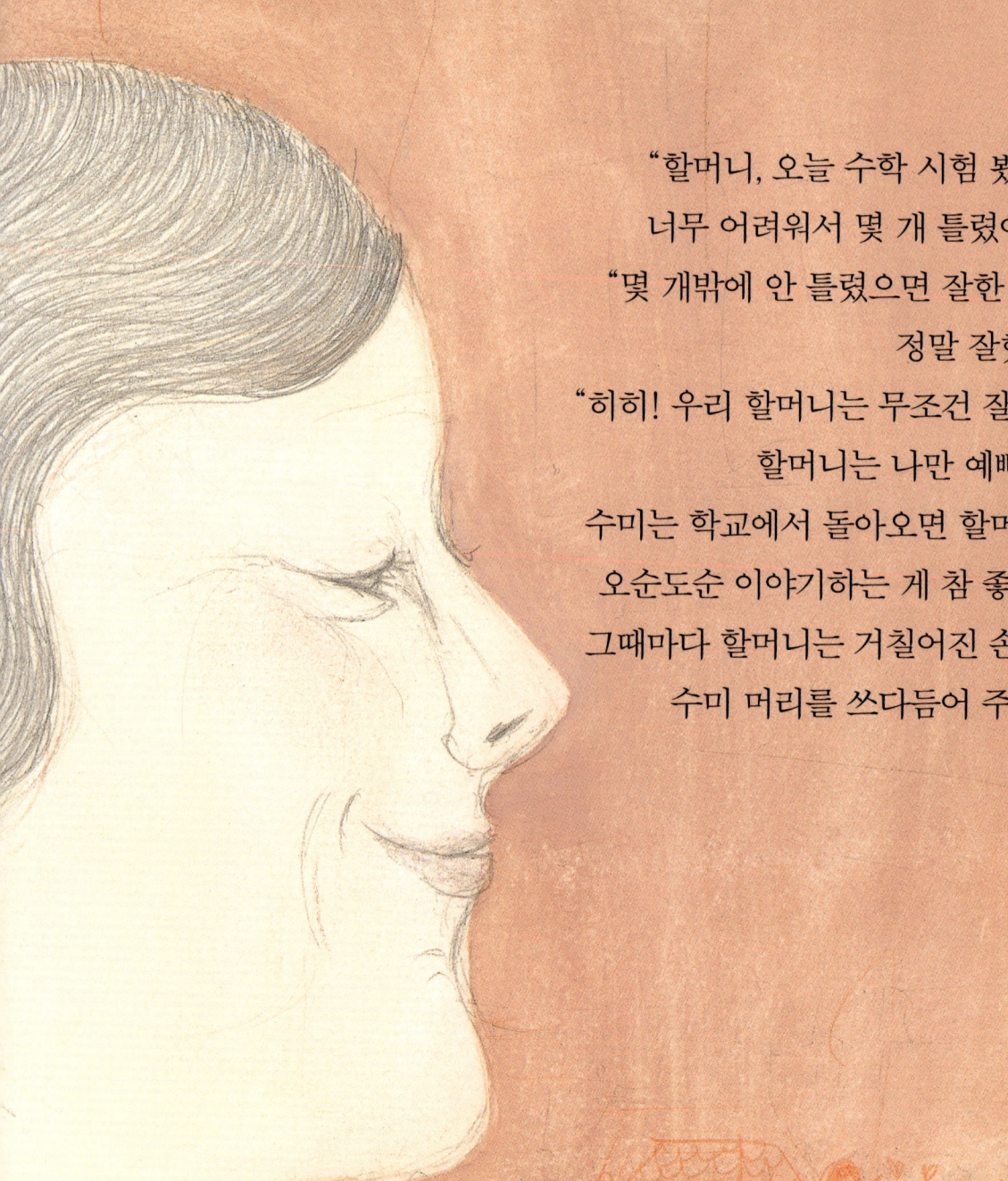

"할머니, 오늘 수학 시험 봤는데
너무 어려워서 몇 개 틀렸어요."
"몇 개밖에 안 틀렸으면 잘한 거야.
정말 잘했어."
"히히! 우리 할머니는 무조건 잘했대.
할머니는 나만 예뻐해!"
수미는 학교에서 돌아오면 할머니랑
오순도순 이야기하는 게 참 좋았어.
그때마다 할머니는 거칠어진 손으로
수미 머리를 쓰다듬어 주었지.

수미는 할머니와 둘이 사는구나.
가만 보니 수미가 나랑 좀 닮았어.
나처럼 눈이 동그랗고 예쁘잖아.
내 눈이 가끔 쭉 찢어지긴 하지만
그건 매력이니까.

"수미야, 엄마랑 아빠 보고 싶지?"
"보고 싶긴 하지만 그래도 난 할머니가 있잖아요.
그러니까 아프지 말고 나와 함께 오래오래 살아요."
수미가 활짝 웃으며 말했어.
수미는 부모님이 갑자기 돌아가시는 바람에 할머니랑 둘이
살게 되었거든. 할머니는 수미가 좋아하는 감자조림을
수미의 숟가락 위에 올려 주었어.
"아이, 참. 할머니도 드세요."
수미도 할머니 숟가락 위에 감자조림을 올려놓았어.

"수미랑 할머니도 나처럼
생선을 좋아하나 봐.
얼마나 맛있을까?
보기만 해도 침이 꼴깍꼴깍 넘어가."
미오는 혀를 날름거리며 쩝쩝거렸어.

'사람마다 모습이 다르고, 좋아하는 것이 다르고,
꿈꾸는 미래가 다른 것처럼 가족도 다 달라.
나는 어떤 가족을 선택하면 좋을까?'
미오는 담장 위에 올라앉아 곰곰이 생각했어.

"내 애교를 예쁘게 봐주고,
나를 사랑해 줄 가족을 선택할 거야.
그럼 아무래도 나처럼 외로운 걸 잘 이해해 주고,
나를 사랑해 줄 따뜻한 가족이 좋겠지?
그리고 난 맛있는 것도 실컷 먹고 싶어.
음, 그렇다면……."

"난 선택했어!"

| 부 록 |

 # 미오가 둘러본 다양한 가족들

❶ **맞벌이 가족_** 부모 모두 직업을 가지고 있는 가족.
부모가 같이 돈을 버는 대신 남자가 할 일과 여자가 할 일을 따로 구별하지 않고 집안일이나 양육 문제를 같이 해결해요.

❷ **재혼 가족_** 부모 중 한쪽이 결혼을 다시 해서 만들어진 가족.
부모가 이혼을 하거나 사별한 뒤에 또 다른 배우자를 만나 두 번째 가정을 이룬 경우를 말해요.

❸ **대가족_** 부모와 조부모(할아버지, 할머니), 자녀로 구성된 3세대 이상의 가족.
조부모를 모시고 살거나, 고모나 삼촌 등 친척들과 함께 한집에서 사는 가족을 말해요.

❹ **다문화 가족_** 둘 이상의 다른 문화를 가진 사람들이 만나 이루어진 가족.
국적이 다른 남자와 여자가 만나 결혼하여 생긴 가족이에요. 교통이 발달하여 외국과의 교류가 빈번해지면서 다문화 가족이 점점 늘고 있어요.

❺ **한부모 가족_** 부모 중 한쪽 부모와 자녀로 이루어진 가족.
부모 중 한 명이 사망하거나 이혼을 할 때 한부모 가족이 생겨요.

❻ **입양 가족_** 돌보아 줄 가족이 없는 아이를 새로운 부모가 데려와 자녀로 맡아 키우는 가족.
부모가 직접 낳은 건 아니더라도 법률적으로 친부모와 친자식의 관계를 맺게 돼요.

❼ **조손 가족_** 조부모가 부모 대신 손자, 손녀와 함께 사는 가족.
부모가 일찍 돌아가셔서 조부모가 키울 수도 있고, 이혼이나 맞벌이 등으로 부모가 양육하기 어려운 상황에서 조부모가 대신 키울 수도 있어요.

 가족을 제대로 이해하는 법

❶ 가족 구성원 수 알아보기

미오네 가족 구성원 수 : 할머니, 수미, 미오

❷ 가족의 형태 알아보기

미오는 할머니와 수미가 살고 있는 조부모 가족을 선택했지요.

> 수미 할머니가 수미를 예뻐하는 것처럼 수미가 나를 좋아해 줘서 참 다행이야!

❸ 가족 관계 그려 보기

할머니와 수미, 미오의 관계 그려 보기

> 수미네 집에서 같이 살게 되었으니까 이런 관계가 맞겠지?

❹ 각자의 역할 적어 보기

조부모로서 할 일, 손녀로서 할 일, 고양이로서 할 일을 각각 적는다.

할머니 - 밥하고, 빨래하고, 청소하는 등 집안일을 도맡아 하며, 돈을 벌기도 해요.

수미 - 학교에서 공부하고, 방과 후에는 할머니를 도와줘요. 설거지도 하고, 할머니 어깨도 주물러 드리지요.

미오 - 수미랑 놀아 주고, 몸치장도 하고, 밥 먹고, 똥 싸고, 잠자고……

우리 가족은 어떤 형태일까?
각자 생각해 보고, 아래의 빈 공간을 채워 보세요!

❶ 가족 구성원 수 알아보기

자신이 속한 가족의 구성원 수를 세어서 적어 보세요.

❷ 가족의 형태 알아보기

앞에서 알아본 다양한 가족의 형태 중 자신의 가족은 어떤 형태에 속하는지 적어 보세요.

❸ 가족 관계 그려 보기

나를 중심으로 우리 가족에는 누가 있는지 각자 가족 관계를 그려 보세요.

❹ 각자의 역할 적어 보기

우리 가족이 각자의 위치에서 하고 있는 일과 해야 할 일에는 무엇이 있는지 알아보세요.

스콜라 꼬마지식인 01
이웃집에는 어떤 가족이 살까?

초판 1쇄 발행 2012년 11월 23일 **초판 22쇄 발행** 2024년 11월 25일

글 유다정 **그림** 오윤화
펴낸이 최순영

교양 학습 팀장 김솔미
키즈 디자인 팀장 이수현 **디자인** 마루·한

펴낸곳 ㈜위즈덤하우스 **출판등록** 2000년 5월 23일 제13-1071호
제조국 대한민국 **주소** 서울특별시 마포구 양화로 19 합정오피스빌딩 17층
전화 02)2179-5600
홈페이지 www.wisdomhouse.co.kr **전자우편** kids@wisdomhouse.co.kr

ⓒ 유다정·오윤화, 2012

ISBN 978-89-6247-348-3 74330

* 이 책의 전부 또는 일부 내용을 재사용하려면 반드시 사전에 저작권자와
  ㈜위즈덤하우스의 동의를 받아야 합니다.
* 인쇄·제작 및 유통상의 파본 도서는 구입하신 서점에서 바꿔드립니다.
* 책값은 뒤표지에 있습니다.
* 이 책의 사용 연령은 8~13세입니다.